Sieglinde Mierlut

# Seidenmalerei

## Gemalte Träume
## Phantasievolle Blumen

**frech-verlag**

Materialangaben und Arbeitshinweise in diesem Buch wurden von der Autorin und den Mitarbeitern des Verlags sorgfältig geprüft. Eine Garantie wird jedoch nicht übernommen. Autorin und Verlag können für eventuell auftretende Fehler oder Schäden nicht haftbar gemacht werden. – Für eine Verbreitung des Werkes durch Film, Funk und Fernsehen, Fotokopien oder Videoaufzeichnungen ist eine Genehmigung oder Lizenz des Verlags erforderlich. Das Werk ist urheberrechtlich geschützt nach § 54 Abs. 1 und 2 UrhG.

ISBN 3-7724-1290-4 · Best.-Nr. 1290 · © 1990 by Frech

1. 2. 3. 4. 5. Auflage    **frech-verlag**    Jahr: 1994 93 92 91 90
Erste Zahl maßgebend                     Letzte Zahl maßgebend

Printed in Western Germany · Druck: Frech, Stuttgart-Weilimdorf

# Inhalt

**Vorwort** ...... 4

**Lehrgang** ...... 7
*Aufbau eines Lehrgangs für Seidenmalkunst* ...... 8

**1. Arbeitsgang** ...... 8
*Tips zur Erstellung der Musterzeichnung und deren Übertragung auf Seide* ...... 10
*Ausführung der Malerei* ...... 12

**2. Arbeitsgang** ...... 14
*Besondere Effekte* ...... 16
Feine Gutta-Linien ...... 16
Salzeffekt ...... 17
Effekte Naß in Naß (Aquarellieren) ...... 18
*Die letzten Effekte und freigemalte Feinheiten* ...... 19
Alkohol-Effekt ...... 19
Feinheiten mit dem Signierstift ...... 20
Feine Pinselarbeit ...... 20
Feine Farbtupfer ...... 21
Umrahmung mit farbiger Gutta ...... 21
*Grundüberlegungen zur Gestaltung eines Entwurfs* ...... 22
*Weitere Anregungen, Gestalten aus Details* ...... 24

**Galerie** ...... 27

**Musterzeichnungen** ...... 93

**D**ie Seidenmalerei ist eine sehr alte und faszinierende Technik, die wir der hochentwickelten Kultur des alten China verdanken. Von diesem Kulturvolk stammt auch das edle und kostbare Grundmaterial – die Seide.

Es ist ein wunderbares Gefühl, auf einem Gewebe von fast schwebender Leichtigkeit und schillerndem Glanz seine eigene Kreativität zum Ausdruck zu bringen. Der Reiz der Seidenmalerei liegt in der strahlenden Leuchtkraft der Farben, die durch dieses edle Material so prägnant zur Geltung kommen. Die ineinanderfließenden Farben ergeben fantastische Effekte und Nuancen, die immer auf's Neue überraschen. Da diese Technik so vielfältig ist, kann auch der Begeisterung kaum ein Ende gesetzt werden.

Ich möchte Ihnen meinen individuellen Malstil im einzelnen erläutern und Sie ermutigen, Ihre eigene Kreativität zu entfalten, Ihrer eigenen Fantasie Gestalt zu geben.

Entwickeln Sie Ihren Sinn für das Schöne.

Beachten Sie zum Beispiel mein Bild „Rosen mit Apfelblüten". Wen stört es, daß der Apfelbaum im Frühjahr, die Rose aber im Sommer blüht? Wen stören die überdimensionalen Schmetterlinge? Wen stört es, daß ich natürliche Blumen mit Fantasieblumen verbinde? Wen stören die Fantasiebilder, die mit keiner Realität zu vergleichen sind?

Sie sehen: alles ist erlaubt. Wer kann unsere Fantasie begrenzen? Sind wir es nicht vielleicht selbst, die mit Grenzerweiterung nicht gut umgehen können?

Projizieren Sie ruhig Ihre Träume, Ihre Empfindungen und Visionen auf die Seide. Gestalten Sie Fantasiebilder, denn sie ermöglichen es uns, Ideen auszudrücken oder auch Botschaften zu vermitteln, wie ich es mit dem Bild „Rettet die Schmetterlinge" versuche.

Fantasiebilder müssen etwas haben, das zum Nachdenken anregt und neue Ideen auslöst. Wagen Sie es, sich mit Ihren Ideen und Ihrer Malerei zu identifizieren. Denn eigene Entwürfe geben uns ein Gefühl von Glück und Erfolg, ja sie stärken unser Selbstbewußtsein.

*Perfektion scheint hier nicht angebracht. Perfektion läßt unsere Bilder eher erstarren; das Künstlerische besteht im Unterwegssein, hält offen und flexibel. Entwickeln Sie Blumen, Formen und Lichtquellen Ihrer Fantasie. Die Farbe spielt dabei eine Schlüsselrolle. Sie ist es, die unser Auge beeindruckt, unser Gefühl für das Schöne berührt.*

*Die Liebe, die Fantasie und das Gefühl, die Sie in Ihre Seidenmalerei investieren, werden Ihnen und anderen Freude bringen. Das ist die Mühe wert.*

*Ich hoffe, daß ich all denen eine Hilfe geben kann, die sich die Seidenmalerei zum Hobby gemacht haben. Ich versuche, durch eine Fülle von Anregungen, Ihren kreativen Horizont zu erweitern. Durch die Musterzeichnungen und die großen Abbildungen möchte ich Sie an meiner Kreativität und Fantasie teilhaben lassen. Vielleicht gelingt es mir, Ihnen etwas von der Faszination und dem Geheimnis der Technik der Seidenmalerei weiterzugeben. Vielleicht können Sie meinen eigenen Empfindungen durch die hier abgedruckten Bilder folgen. Vielleicht gewinnen auch Sie die Liebe und Begeisterung für das Seidenmalen.*

*Diese Liebe wird Sie bereichern, Sie werden die Schönheit unserer Natur intensiver erleben, den Duft jeder Blüte bewußter einatmen, das Zarte und Beschwingte im Schmetterling bewundern. Diese Sicht wird Träume in Ihnen wecken und den Wunsch, Ihre inneren Bilder in den schönsten Farben auf Seide umzusetzen.*

*Viel Spaß und gutes Gelingen*

*Sieglinde Mierlut*

# Lehrgang

# Aufbau eines Lehrgangs für Seidenmalkunst

Bei der Betrachtung meiner Bilder werden Sie feststellen, daß sie von einer besonderen Anschaulichkeit, Plastizität und Transparenz geprägt sind. Die Blüten, Blätter und Formen erscheinen lebendig und beweglich.

Diese intensive Anschaulichkeit können Sie mit dem gewöhnlichen Seidenmalstil kaum erreichen. Ich erziele die Wirkung durch einen besonderen Arbeitsgang, den ich Ihnen im 2. Arbeitsgang erläutern möchte.
Nehmen Sie eine schwere Pongee-Seide. Sie verfügt über bessere Saugfähigkeit und kann dadurch mehr Farbe in sich aufnehmen. Ich verwende Pongee 010.

## 1. Arbeitsgang

**a.** Die Musterzeichnung auf die Seide übertragen.
**b.** Die Farbkombination festlegen.
**c.** Die Farbaufteilung durchdenken und bestimmen.

### Hierzu einige Gedanken ausführlich:

Bei den Blumenbildern beginne ich immer mit dem Ausmalen der großen Blüten. Sie nehmen ja die größte Fläche ein und prägen schon allein dadurch den Farbausdruck des Bildes.

Die Farben müssen bewußt aufeinander abgestimmt sein. Anschließend male ich die kleineren Blüten und Knospen aus. Sie bieten mir noch einmal die Möglichkeit des Farbausgleichs. Oft ermöglichen diese kleinen Farbkleckse die Herstellung eines farblichen Gleichgewichts.

Bei den Fantasiebildern beginne ich mit den auffallendsten und typischen Formen oder den Motiven, denen ich schon beim Entwurf eine bedeutende Rolle beimesse. Sie stellen die Thematik und den Schwerpunkt des Bildes dar.

Spezielle Motive betone ich entsprechend farblich, doch kann man die Motive auch durch den Hintergrund hervortreten lassen. Bei den Fantasiebildern bin ich farblich weniger gebunden als bei den Blumenbildern, so daß ich bei den Formen oder Motiven noch immer zu einem Farbfläschchen greifen kann. Denn Farbharmonie und farbliches Gleichgewicht nehme ich sehr ernst.

Anschließend male ich die Blätter und Äste mit einer entsprechenden Farbe aus.
Dann den Hintergrund, wenn der Blumenstrauß fertig gemalt ist. Wieder spielt die Farbwahl eine große Rolle.

Die farbliche Gestaltung des Rahmens kommt zuletzt, denn nun erst weiß ich, wie Rahmen und Bildaussage in Harmonie zu bringen sind.

## *Tips zur Erstellung der Musterzeichnung und deren Übertragung auf die Seide*

Die abgebildeten Musterzeichnungen können Sie durch Kopieren auf das angegebene oder das von Ihnen gewünschte Maß vergrößern.
Es ist sinnvoll, zur Vergrößerung solche Kopiergeräte zu verwenden, die stufenlos vergrößern und auch Kopien in DIN A3-Format erstellen.
Da die meisten Kopiergeräte nur bis etwa 154% vergrößern, müssen Sie unter Umständen zwei- bis dreimal kopieren, falls Sie ein größeres Maß wünschen. Größere Musterzeichnungen bestehen letztlich aus mehreren Kopien, die Sie aber mit Klebestreifen zu einem Ganzen verbinden können.

Ich habe bei all meinen Bildern die Entwürfe kopiert und die Kopie mit einigen Klebestreifen auf der Rückseite der aufgespannten Seide festgeklebt und anschließend die Konturen mit Gutta nachgezogen. Für die Gutta-Linien verwende ich immer die Feder Nr. 3.

**Achtung:** Die Klebestreifen müssen außerhalb der Zeichnung sein, da man nicht mit Gutta darüberzeichnen sollte. Die Gutta würde den Klebstoff ablösen, und das wiederum verfärbt die Gutta-Linie. Dies bezieht sich aber nicht auf die Klebestreifen, mit denen Sie die Musterzeichnung

zusammenkleben; in diesem Fall kommt ja der Klebstoff mit der Seide, bzw. der Gutta, nicht in Berührung.

Bei dieser Art von Übertragung der Musterzeichnung ist auf guten Lichteinfall zu achten. Dabei hilft eine bestimmte Art, den Rahmen zu halten: Ich stütze den oberen Teil des Rahmens in schräger Haltung an die Tischkante, während ich die untere Rahmenkante auf die Knie bzw. Oberschenkel drücke. Mit dem linken Arm drücke ich gegen den Rahmen, mit der linken Hand drücke ich die Zeichnung leicht gegen die Seide. Indessen zeichne ich mit der rechten Hand. Dabei wandert die linke Hand immer dorthin, wo gezeichnet wird.

Vielleicht glauben Sie, das sei eine unbequeme Haltung. Dem ist nicht so! Sie finden bald die richtige Position; sie ist abhängig vom optimalen Lichteinfall auf die Seide.

Überprüfen Sie noch einmal die Gutta-Linien. Nehmen Sie die Zeichnung weg und prüfen Sie Ihr Bild gegen das Licht. Falls nötig, können Sie entsprechende Korrekturen vornehmen.

Wer diese Art der Übertragung anwendet, erspart sich einen Arbeitsgang, weil er die Musterzeichnung nicht mehr mit dem Bleistift auf die Seide übertragen muß. Durch die direkte Übertragung haben Sie auch den Vorteil einer präziseren Zeichnung.

# *Ausführung der Malerei*

Beim Ausmalen des ganzen Bildes arbeite ich im ersten Arbeitsgang stellenweise. Grundsätzlich verwende ich die Naß-in-Naß-Technik, auch für Hintergrund und Rahmen. Bei größeren Flächen wird so das schnelle Austrocknen verhindert und damit auch die Unansehnlichkeit der Ränder.
Wenn es nötig ist, nässe ich noch nach. Bei großen Flächen verwende ich dazu einen Wattebausch, bei kleineren einen zweiten Pinsel.
Bei großen Flächen muß besonders zügig gearbeitet werden. Die Schatten und dunkleren Partien arbeite ich soweit möglich gleich mit.
Bei großflächigem Hintergrund und beim Rahmen ist eine ausreichende Farbvormischung nötig.

Wie verfahre ich nun mit dem Kolorieren?
Ich feuchte eine Blüte an. So habe ich auch noch eine weitere Kontrolle, ob meine Gutta-Linien dicht sind. Dann male ich die hellsten Farbstellen mit stark verdünnter Farbe. Wenn nötig, lasse ich die Farbe bis ins Weiß ausfließen. Anschließend male ich in die nasse Blüte noch Farbtupfer. Dies können auch Kontrastfarben sein (siehe folgende Abbildung).

Auf diesem Bild habe ich in eine zartrosa Blüte zum Beispiel gelbe Reflexe gesetzt. Für die Schatten wählte ich Rot, ganz sparsam zarte Flieder- und Lavendelfarbe.

Diese Farbpalette richtig angewandt, gibt der Blüte Transparenz und Tiefenwirkung. Sie können die Blüte aber auch mit einer einzigen Farbe gestalten. Wenn Sie zum Beispiel ein Rot nehmen, verdünnen Sie dieses stark zu einem zarten Rosa. Für die intensiven Schatten verwenden Sie pures Rot. Mit dem zuletzt beschriebenen Vorgehen werden Sie die Transparenz und Tiefenwirkung nicht erreichen. Die farbliche Gestaltung einer Blüte ist abhängig von der Wirkung, die man erreichen will.

Ich male nie eine Blüte nur mit einer Farbe, auch wenn es manchmal diesen Anschein hat.

Handelt es sich zum Beispiel um eine rote oder rosa Blüte, dann verwende ich mehrere Rot-Töne.

Wenn die Blüte in einem warmen Rot oder Rosa gehalten ist, habe ich Gelb-Orange oder Mandarine verwendet.

Bei kühlem Rot oder Rosa wählte ich Zwetschge, Fuchsie, Himbeere, Kirsche oder gar Lila.

Ob warmer oder kühler Rot-Ton: in beiden Fällen bleibt der farbliche Gesamteindruck der Blüte Rot oder Rosa. Denn das dominierende Rot mischt sich ja mit dem Reflex bzw. der Schattenfarbe (siehe folgende Abbildung). Ein weiteres Beispiel dafür ist das Bild „Rote Päonien" von Seite 53.

Die Lebendigkeit der verschiedenen Rot-Tönungen im Gebinde ist beeindruckend. Dieses Spiel mit den Reflexen und Schatten verwende ich fast grundsätzlich – ob ich nun eine Blüte oder ein Blatt, einen Stein oder Schmetterling male.

Dieses Verfahren wende ich genauso im noch feuchten Hintergrund oder Rahmen an, um die Schatten auszudrücken.
Der Hintergrund ermöglicht es, partienweise zu arbeiten, der Rahmen allerdings muß in einem Stück gearbeitet werden. Dann ist es wichtig, das Material ständig feucht zu halten und zügig zu arbeiten.
Alle bisher beschriebenen Techniken verwendet man im ersten Arbeitsgang. Mit diesen Vorgehensweisen kann man bereits hier Plastizität und Transparenz des Bildes erzielen.

## 2. Arbeitsgang

Im zweiten Arbeitsgang nehme ich eine starke Intensivierung der Anschaulichkeit vor, d.h. das Bild soll eine stärkere Tiefenwirkung erfahren.

Diese erziele ich, indem ich die Farbe in konzentrierter Form auftrage. Dazu lasse ich die gewünschte Farbe, die ich mir als intensiven Schatten vorstelle, fast eintrocknen, so daß ich sie mit dem Pinsel noch ohne Verläufe auftragen kann. Ich verreibe sozusagen die fast ausgetrocknete Farbe mit dem Pinsel auf der Seide.

Diese intensiven Schatten kann ich bei der gewöhnlichen Seidenmaltechnik nicht erzielen, weil die Farbe verläuft und auch nicht diese Intensität besitzt.

Meine Bilder sind fast ganz, zumindest zum großen Teil, mit diesen Schatten-Effekten überarbeitet. Ein markantes Beispiel zeigt die folgende Abbildung. Hier werden die Farbvariationen besonders verdeutlicht.

Dieser zweite Arbeitsgang ist zeitaufwendig, da der Pinsel nicht viel trockene Farbe aufnimmt. Die Farbe deckt zudem nur eine kleine Fläche, weil sie ja nicht mehr verläuft.
Trotz allem lohnt sich dieser Arbeitsgang.
Sie werden staunen, wenn Sie dann Ihr fertiges Bild betrachten: Sie haben das Gefühl, als hätten Sie mit diesem zweiten Arbeitsgang dem Bild ein völlig neues Leben eingehaucht.

# *Besondere Effekte*

Um in einem Bild spezielle Akzente zu setzen, Feinheiten oder Strukturen zu erzielen, habe ich folgende Techniken angewandt.

## Feine Gutta-Linien

Wenn die Gutta-Linie eine rein dekorative Rolle übernehmen soll, wie z.B. in den Flügeln der Schmetterlinge, in der Libelle oder in feinen Adern

der Blüten und Blätter, dann haben diese Linien nicht mehr die Funktion der Farb-Undurchlässigkeit bzw. der Farbtrennung, sondern eine rein

ästhetische Funktion. Daher werden die Linien so dünn wie möglich gezeichnet.

Dies kann mit etwas dickflüssiger Gutta erzielt werden. Dazu läßt man die Gutta offen stehen, so daß sich das Benzin ein wenig verflüchtigt. Die Linien werden dann zügig gezogen, indem wenig oder fast gar kein Druck auf die Spritzflasche ausgeübt wird. Die Feder gleitet nur leicht über die Seide. Die feinen Gutta-Linien in den Blattadern werden betont, indem man Gutta und Farblinie parallel verlaufen läßt.

### Salzeffekt

Eine alte und bekannte Methode ist der Salzeffekt. In meinen hier vorgestellten Bildern ist er nur zweimal angewandt – und auch dort nur äußerst sparsam. Betrachten Sie das Gestein in „Traumwelt mit Lianen" (Seite 57) und das Bild „Welt unter Wasser" (Seite 59).

Mir liegt diese Methode nicht. Meiner Meinung nach kommt das Künstlerische der Seidenmalerei zu kurz, wenn ganze Bilder damit gestaltet werden. In Ausnahmefällen, wenn etwas Spezielles ausgesagt werden soll, kann die Technik angebracht sein.

## Naß in Naß

Mit der Aquarell-Technik kann man sehr schöne Effekte erzielen. Sie gibt dem Bild Leuchtkraft, Durchlässigkeit und eine gewisse Leichtigkeit.

Je nach gewünschtem Effekt geht man mit konzentrierter oder leicht verdünnter Farbe in die schon ausgemalte Fläche. In „Blütentraum" (Seite 35) erzielte ich die schattenartigen Gräser mit leicht verdünnter Farbe und einem feinen Pinsel. Mit wenig Farbe auf dem Pinsel muß man zügig malen.

Bei der Naß-in-Naß-Technik entstehen keine Ränder. Das leichte Verlaufen der Farben ist erwünscht. So fügen sich z.B. die Gräser in das Bild „Blütentraum", ja sie verschmelzen mit dem Hintergrund. Die Gräser selbst wirken als Hintergrund und geben einen besonderen Schatteneffekt.

Weitere schöne Aquarell-Effekte finden Sie im Grund des Bildes „Calla-Gewächse" (Seite 75).

Im Gefieder des Bildes „Untergang ins Wunderbare" (Seite 29) oder in den Gräsern und dem Regenbogen von „Land der Träume" (Seite 31). Auch die großen Farbtupfer in „Welt unter Wasser" (Seite 59) wurden in der Aquarell-Technik ausgeführt. Hier arbeitete ich jedoch mit der Pinselspitze, indem ich die nasse Seide mit Farbe betupfte.

## Die letzten Effekte und freigemalten Feinheiten

Für die folgenden Techniken muß die Seide ganz trocken sein! In „Welt unter Wasser" (Seite 59) arbeitete ich in mehreren Techniken. Wie schon erwähnt, verwendete ich dabei den Salz-Effekt, außerdem aber auch die folgenden Techniken:

### Alkohol-Effekt

Den Alkohol-Effekt erreichen Sie, indem Sie ein Wattestäbchen in Alkohol tauchen und die schon fertig bemalte Stelle damit betupfen. Das ergibt den optischen Eindruck kleiner Wasserbläschen.

## Feinheiten mit dem Signierstift

Feine schwarze Linien und Pünktchen werden nachträglich mit dem Signierstift eingezeichnet. Die Feinheit der Linien hängt auch hier von der Zügigkeit der Strichführung ab. Die kleinen Pünktchen erzielen Sie durch leichtes Betupfen der Seide; bei dickeren Punkten wird die Stelle der Seide entsprechend intensiver betupft bzw. bemalt. Die Hand wird dabei kreisförmig bewegt.

Einen ähnlichen Eindruck erreichen Sie auch durch dickflüssige schwarze Gutta. Wie das Wort „Signierstift" schon sagt, können Sie mit diesem Stift auch Ihre Arbeiten unterschreiben.

## Feine Pinsel-Arbeit

Die grünen Linien an den gelben Blumen (Abbildung Seite 19) und die feinen Blattadern in der Blüte (Abbildung Seite 16) und die Gräser (Abbildung Seite 18) habe ich mit einem feinen Pinsel Nr. 01 und mit verdickter Farbe eingezeichnet (dies sind nur einige Beispiele). Die Farbe muß dafür noch eine gewisse Feuchtigkeit haben. Wichtig allerdings ist zügiges Arbeiten. Je langsamer Sie arbeiten, desto größer ist die Gefahr, daß die Farbe verläuft. Dann sind diese zarten Effekte nicht mehr herauszuarbeiten. Es ist sinnvoll, vorher auf einem Stückchen Seide zu experimentieren. Dann sehen Sie, ob die Farbe zu feucht oder zu trocken ist.

Hat die Farbe zu viel Feuchtigkeit, verläuft sie selbst bei zügigem Arbeiten. Ist sie trocken, dann schmiert sie, und Sie können keinen schönen Strich mehr setzen.

Eine andere Fehlerquelle ist, daß man zuviel Farbe auf den Pinsel nimmt.

Das feine Geäst bzw. die Astspitzen, ebenso die Stiele der Staubgefäße werden in demselben Verfahren ausgeführt.

## Feine Farbtupfer

Feine Farbtupfer entstehen, wenn man ganz wenig Farbe der schon vorher erwähnten Konsistenz auf den feinen Pinsel nimmt und mit der Pinselspitze die Seide leicht betupft.
Je weniger Farbe sie auf den Pinsel nehmen, um so feiner kann die Berührung mit der Seide sein. Und um so kleiner sind die Tüpfchen.
Die zusätzlichen Effekte sollen nur gezielt eingesetzt werden. Andernfalls wirkt ein Bild überladen, wodurch seine Aussagekraft geschwächt wird.
Sinn dieser Spezialtechnik ist es, etwas zu ergänzen, zu verfeinern oder eine Aussage zu erhöhen.

## Umrahmung mit farbiger Gutta

Zuletzt kann man das fertige Bild noch mit einer zusätzlichen Umrahmung versehen. Dazu verwendet man Gutta in Schwarz, Gold oder Silber.
Die farbige Gutta geht durch chemische Reinigung weitgehend verloren. Wenn Sie also mit solchen Effekten arbeiten möchten, sollten Sie das fertige Bild zuerst fixieren, dann chemisch reinigen lassen und zum Schluß die Gold-, Silber- oder Schwarzumrahmung ausführen. Für Gold- oder Silbergutta verwende ich meistens Feder Nr. 7.

# Grundüberlegungen zur Gestaltung eines Entwurfs

**Folgende Aspekte sind wichtig:**

a. das Motiv
b. die Farbkombination
c. Raumaufteilung
d. Licht- und Schattenspiele

Bei meinen Bildern können Sie neben den vielen Blütendarstellungen auch die vielfältigen Farbkombinationen wahrnehmen. Ein Bild erhält durch die Veränderung des Farbgrundes eine ganz andere Wirkung.
Damit möchte ich noch einmal auf die zentrale Rolle und Aussagekraft der Farbe hinweisen.

Aus dem Blütenreservoir dieses Buches können Sie Motive zu Kompositionen zusammenstellen. Als Beispiel solcher Kombination dienen die Rosenbilder auf den Seiten 67, 73, 81.
Im Vordergrund steht jeweils eine Rosenblüte. Doch wie verschieden wirken diese drei Bilder! Bitte kombinieren Sie munter drauflos!

Wie wäre es mit Rosen und Schleierkraut? Oder Rosen und Margeriten, Rosen mit Veilchen?
Auch die Verbindung von Rosen mit Heckenrosen ist denkbar. Sie können die Rose mit jeder kleinen Blüte aus anderen Bildern kombinieren oder mit drei bis vier anderen Blumen zu einem großen Strauß vereinen. So habe ich es im „Blütentraum" (Seite 35) gemacht.
Die Rose ist eine wundervolle Blume, mit der man unendlich viel verbinden kann. Ähnlich können Sie natürlich auch mit anderen Blumen vorgehen.
Eine andere Vielfalt liegt in der Farbgebung. Die Farbe spielt überhaupt bei der Seidenmalerei eine ganz wesentliche Rolle.
Betrachten wir noch einmal die drei Rosenbilder. Was macht sie denn so verschieden? Ist es nicht die Farbkombination? Malen Sie einmal die gelben Rosen in Rosa: Sie haben ein ganz anderes Bild vor

sich! Oder malen Sie die Blätter der rosa Rose in Grün, verändern Sie die rosa Rose durch ein warmes Gelb-Orange mit Goldumrahmung in einem weißen oder zartgelben Rahmen! Halten Sie die Rose des Bildes „Rosen mit Apfelblüte" (Seite 67) in einem zarten Rosa! Wie wäre es mit einer weißen Rose auf farbigem Grund?

# Weitere Anregungen

## Gestalten aus Details

Zu diesen Anregungen betrachten Sie bitte die folgenden Abbildungen und die auf den Seiten 12, 13, 16, 19, 22 und 23. Mit etwas Fantasie können Sie diese Bilder zu Glückwunschkarten oder kleinen Bildern in farbigen Rähmchen umgestalten. Sie könnten aber auch eine Schmuckkassette, ein Döschen, Ihr Gästebuch oder ein Türschildchen damit schmücken.
Genauso können Sie eine kleine Blüte oder einen Schmetterling in eine Taschentuchecke malen; auch ließe sich ein Schmetterling mit einer Blume, einzeln oder in Kombination, auf eine Bluse malen.

Viele Motive bieten sich zur Gestaltung von Kissen an. Besonders quadratische Motive oder dem Quadrat nahestehende Formen sind dazu geeignet.

*Anregungen für kleine liebevolle Geschenke bieten diese und alle im vorhergehenden Text erwähnten Details. Motive, die sich eignen, um eine Glückwunschkarte, Bildchen, Taschentuch, Döschen, Türschildchen oder gar eine Bluse zu schmücken.*

*Galerie*

## Untergang ins Wunderbare – Paradiesische Liebe

Bildgröße
49 × 57 cm

*Eine Wasserblume neigt sich in kosmischem Tanz der Erde zu. Wasser und Himmel scheinen sich zu vereinen. Die Rundung des Blütenstengels vereint sich mit dem zarten Liebesspiel zweier Paradiesvögel. Sie sind umhüllt von dem orangenen Licht einer transzendenten Welt, die die Harmonie verkündet. In unserem Bild wird die klare Abgrenzung jedes Vogels deutlich. Dennoch scheint jeder von ihnen durch Einfühlung in den anderen zu seinem Spiegelbild zu werden. Was die beiden himmlischen Vögel versinnbildlichen, ist in der Blume vollendet.*

## Land der Träume

*Herrlichkeit und Harmonie prägen dieses Bild. Es läßt uns durch den Garten Eden schweifen. Die ruhige Wasserfläche ist von den schönsten Blumen übersät.*
*Wasser – Symbol des Lebens. Der Regenbogen, der Wasser und Erdreich berührt und ins Unendliche fließt, vermag er die Brücke vom Vergänglichen ins Ewige zu sein?*
*Eine Margeritengirlande bildet den Weg, geradlinig und doch die Richtung wechselnd.*
*Es könnte unser Lebensweg sein, der sich zielstrebig dem Lichte zuwendet und über dies hinaus, in unendliche Sphären führt.*
*Die filigranen Stauden bewegen sich graziös, wie von einem Windhauch getragen, der uns ein Lied aus dem Kosmos singt.*
*Alles erweckt – in ein warmes Licht gehüllt – in uns das Gefühl von Harmonie und Glückseligkeit.*

Bildgröße 42 × 48 cm

## Frühlings-choral

Bildgröße
51 × 59 cm

*Anmutig zeigt sich die Natur in ihrer heilen Vollkomenheit. Der duftige Schmetterling, die leuchtenden Blumen und das warme Licht haben etwas Beschwingtes, das uns berührt und berauscht wie zarte Musik.*

## Tod eines Schmetterlings

Bildgröße
51 × 59 cm

*In strahlender Schönheit legt sich der goldene Schmetterling zur Ruhe. Umgeben von Blumen, die ihn mit zärtlicher Anteilnahme in seiner letzten Stunde empfangen, ihn mit ihrem Duft und ihrer Liebe umhüllen.*

So stimmt uns dieses Bild nicht traurig, obschon es den Tod zum Inhalt hat. Es vermittelt vollkommene Harmonie und verherrlicht die Naturgesetze und die Natur.

# Blütentraum

*Dieses Bild hat etwas Überschäumendes, etwas, das den Atem anhält. Die Blütenfantasie und das Farbenspiel scheinen keine Grenzen zu kennen. Es ist wie eine Explosion von Blumen und Farben, die in Zartheit und Transparenz vibrieren. Alles ist von einem warmen Licht umhüllt und wird wie von einem Hauch Frühlingswind getragen: Es ist die Vision einer Blütenpracht in Vollendung.*

Bildgröße 60 × 80 cm

## Blütenbaum

*Die Art, wie die Päonien sich in den verschiedensten rosa Tönungen entfalten, orientiert am gewundenen Stamm und umspielt von Zweigen und filigranen Gräsern, erinnert an japanische Gärten. Ihre Leuchtkraft wird durch den hellen Hintergrund unterstützt.*
*Das stahlblaue Passepartout schafft eine Grenze, gibt andererseits aber auch den Weg frei nach draußen. So scheint sich das Spiel der Päonien zeitlos und grenzenlos zu erweitern.*

Bildgröße 59 × 77 cm

**Magisches Licht**

Bildgröße
40 × 40 cm

*Beim Anblick dieses Bildes sieht man geradezu die Kraft des Lichtes. Ja, man kann diese Kraft spüren, die jede Form anzieht. Licht, das jede Form bewegt und ihr Leben gibt.*

### Erwachendes Leben

Bildgröße 43 × 50 cm

*Hier stand der Jugendstil Pate. Elegant verflechten und umschlingen sich die weichen graziösen Linien und Formen. Dadurch wird die subtile Farbkombination noch betont.*

*Das Licht kommt stark zur Geltung. Es löst alle Bande, um dem erwachenden Leben seine ganze Entfaltung zu ermöglichen.*

## Ackerwinde und Margeriten

*Die Schönheit der schlichten Ackerwinde offenbart sich uns überzeugend, da die Blüten ganz geöffnet sind und so den Betrachter bis tief in die Blütenmitte sehen lassen. Im dunklen Rot der kleinen Staubgefäße ahnen wir die Kraft des Lebens.*

*Das Weiß der Margerite findet sich wieder in der Sternzeichnung der sonst leuchtendrosa Ackerwinden. Olivgrüne Blätter korrespondieren mit dem gelben Rund der Margeriten.*

*Farbe und Form geben diesem Blütenmärchen eine Transparenz, die im hellen Hintergrund weitere ätherische Blumen erstehen läßt.*

Bildgröße
44 × 54 cm

## Gelbe Päonie

*Eine einzige Päonie in ihrer vollen Schönheit. Olivgrüne Blätter tragen die Blüte in warmem Gelb. Die Staubgefäße lassen ihren Duft erahnen. Der zart-violette Hintergrund betont den Zauber dieser wunderschönen, goldgelben Blüte. Das filigrane, verspielte Geäst und die niedlichen, fliederfarbigen Blütchen vollenden die Komposition.*

Bildgröße 27 × 36 cm

## Schwertlilien

*Diese Blume, die schon die Jugendstilkünstler faszinierte, hat eine zauberhafte Ausstrahlung. Hier wurden Farben von Lavendel und Flieder mit Rosénuancen zu einem interessanten Farbspiel kombiniert.*

Bildgröße
37 × 53 cm

## Visionen

Bildgröße
44 × 44 cm

*Eine Wunderwelt tut sich auf. – Ein Licht, das in die Unendlichkeit fließt. Ein Licht, das Himmel, Erde und Wasser vereint, um uns eine transzendente Schönheit zu offenbaren. Seerosen sind nach alten Mythen ein Symbol der Schöpfung. Hier verzaubert diese wunderbare Blume das Universum. In geschmeidiger Bewegung scheint sich alles in einem kosmischen Tanz zu winden, ein Lied der Verheißung singend.*

## Wunderwelt der Fantasie

Bildgröße 44 × 44 cm

*Eine Welt der Träume, vielleicht auch eine Welt, die das Schöne verherrlicht.*
*Farbenprächtige, beschwingte Blütenformen leben im Glanz des Lichtes auf. Sie scheinen sich über das Dunkle, Dämonenhafte zu erheben, ja darüber zu triumphieren.*

## Pfingstrosen

*In aller Pracht und Zartheit entfalten sich die herrlichen Pfingstrosen. Die Farbkombination ist warm gehalten. Helles Lachs und Oliv dominieren. Das ein wenig kühle Zyklamenrot und Rosa betonen die Blütenkraft noch mehr. Durch die schmale Goldumrahmung wird ein Akzent zu den fast gleichfarbigen Staubgefäßen gesetzt. Auch dadurch wird das Auge in die Mitte der Blüten geführt.*

Bildgröße
40 × 50 cm

# Heckenrosen

*Das Zusammenspiel von Rosa, Lila und Elfenbein stellt eine ungewöhnliche Farbkombination dar. Das zarte Blattgrün und die weiß-blauen Blüten bringen Frische und Gegengewicht ins Bild der Heckenrosen, die größtenteils in voller Blüte stehen.*

Bildgröße
35 × 48 cm

## Mohnblumen

Bildgröße
42 × 48 cm

*Die Mohnblume, fast ein Sinnbild des Rustikalen und heute eine Seltenheit, zeigt hier ihre edle Seite. Im Gebinde mit filigranen Ähren auf silberfarbigem Hintergrund kommen sattes Rot und schlichte Form zu voller Geltung.*

## Rote Päonien

Bildgröße
55 × 64 cm

*In strahlender Transparenz und plastischer Wirkung zeigt sich die fernöstliche Blüte. Zu ihren Rot-Rosa-Tönen bildet das kühle Grün der Blätter und der zarte lavendelfarbige Hintergrund samt Silberumrahmung den Farbkontrast. Die kleinen Blütchen und das filigrane Geäst sublimieren die plakative Wirkung der Blüten.*

| | |
|---:|:---|
| **Frühlings-** | *Zarte Schmetterlinge* |
| **zauber** | *umwerben die Blüten. Ein* |
| | *warmes Licht verleiht dem* |
| | *Strauß sanften Glanz. Wie* |
| Bildgröße | *vom Frühlingswind durch-* |
| 47 × 45 cm | *weht, bewegt sich alles.* |
| | |
| **Hibiscusblüten** | *Schlicht verflechten sich* |
| | *zwei Hibiscusranken.* |
| | *Der silbergraue Hinter-* |
| | *grund unterstreicht die* |
| | *Prägnanz dieser Blüten,* |
| Bildgröße | *die in alle Richtungen* |
| 34 × 50 cm | *zu strahlen scheinen.* |

# Traumwelt mit Lianen

*Ein fantastischer Traum – ins Bild gesetzt! Der felsige Boden wie der hohe, tiefblaue Himmel erstrahlen in einer überwältigenden Farbenpracht, die sich aus Blüten und Schmetterlingen ergibt. Lianenartige Ranken, auch mit Blumen und Schmetterlingen besetzt, verbinden Erde und Himmel. Wie ein Zauber – und wie himmlischer Segen – scheint sich die Blütenfülle über das Land zu ergießen.*

Bildgröße 52 × 83 cm

Seerosen

Bildgröße
41 × 52 cm

*In voller Schönheit haben sich hier vielblättrige Seerosen in ihrem natürlichen Milieu entfaltet. Die grazile Libelle saugt mit Hingabe den Nektar, berauscht vom betörenden Duft der weißen Seerose. Alle Seerosen nehmen an diesem Liebesspiel teil.*

## Welt unter Wasser

Bildgröße
44 × 44 cm

*Eine geheimnisvolle Welt scheint sich hier zu offenbaren, faszinierend und das Vorstellbare überschreitend.*
*Es ist so, als würde jede Form und Gestalt etwas Schönes, Geheimnisvolles in sich bergen, das für uns nicht zugänglich ist.*

## Stiefmütterchen

*Kaum eine Blume begegnet uns in so vielen Farben wie das Stiefmütterchen. Ich habe einige davon in einem bunten Reigen zusammengeführt. Liebevoll schauen uns diese Blüten an, als wollten sie uns auffordern mitzutanzen.*

Bildgröße
33 × 45 cm

## Steingarten

*Das warme Licht gibt den duftigen Blumen und dem fast öden Gestein seine Ausstrahlung. Das Überdauernde – die Steine – und das Vergängliche – die Blüten – stehen in merkwürdigem Einklang und schenken dem Licht ihre ganze Schönheit.*

Bildgröße
52 × 63 cm

## Blütenregen

*Ein herrliches Spiel – ein Kreislauf, eine Metamorphose des vitalen Wassers und des Lebens.*

*Die weißen, bizarren Blüten, die wie ein Blütenregen aus dem Gold des Lichts rieseln, erinnern zugleich an Eisblumen am Fenster. Der zauberhafte Hintergrund scheint auf die Bildbasis zuzufließen, um als aufsteigender Dampf und hauchzarte Wolke den Kreislauf zu schließen.*

*Die goldfarbenen Formen könnte man mit Tropfsteinen vergleichen oder als goldenen Segen des Himmels ansehen, der in diesem Kreislauf verschmilzt. Alles ist von Licht, der höchsten Kraft, durchbrochen und durchflutet; die herrlichen Regenbogenfarben veranschaulichen das.*

Bildgröße
40 × 52 cm

## Rosen und Apfelblüten

*Ungewöhnlich und faszinierend ist diese Komposition. Blüten und Blätter präsentieren sich in einer ausgewogenen Farbharmonie.*
*Die transparenten Schatten im zarten Gelb des Hintergrunds und die schmale Goldumrahmung unterstreichen den Kontrast und die Spannung, die sich aus dem zarten Fond und der Farbkraft der Blüten ergeben.*

Bildgröße 52 × 61 cm

### Rettet die Schmetterlinge

Bildgröße 44 × 46 cm

*Herrlichkeit und Bedrohtheit der Natur liegen nahe beieinander: Ich habe versucht, die Schönheit durch die Farben auszudrücken, um so den Blick zu fesseln. Intensives Betrachten läßt uns die hintergründige Gefahr erkennen, die durch kahle Bäume und teils schon toten Schmetterlinge zum Ausdruck kommt. Sollten wir dies nicht als eine Botschaft nehmen, die uns zum Nachdenken bringt?*

*Herbstsegen*

Bildgröße
52 × 64 cm

*Graziös und mit geschmeidiger Weichheit schwingen die in herrlichsten Herbstfarben getauchten Blätter. Ein Blütenregen zieht durch den Herbstglanz.*

*Jede Form scheint sich dem Kreislauf der Natur willig unterzuordnen. Es ist wie ein fließender Segen, mit dem der Herbst die Natur weiht.*

## Tropische Blumen

*In ihrer Zartheit und zugleich Überschwenglichkeit lassen uns diese Blumen ahnen, daß sie aus einer wunderbaren Welt kommen.*
*Große, zarte Blüten wechseln ab mit kleinen und markanten. Beide werden durch gewundenes, filigranes Blattwerk miteinander verbunden. Bemerkenswert ist die edle Farbkombination und die Raumaufteilung.*

Bildgröße
55 × 70 cm

## Rose mit orangen Blüten

Bildgröße 40 × 50 cm

*Die naturalistische Rose steht in einem eigenartigen Kontrast zur Farbgebung der Blätter und zu den kleinen orangefarbigen Blüten. So wird sie durch dieses Umfeld noch mehr herausgehoben, wie es der edelsten und seit Jahrhunderten beliebtesten Blume ohnedies zukommt.*

**Clematis**

Bildgröße
34 × 39 cm

*Strahlende Blüten vibrieren in ihrer vollen Entfaltung und Leuchtkraft. Es ist eine kühle, aparte Farbkombination. Durch den weißen Hintergrund bekommen die Blüten eine unerwartete Frische. Auffallend ist bei diesem Bild die Raumaufteilung.*

## Calla-Gewächse

**Bildgröße**
55 × 46 cm

*Die herrlichen weißen Blüten triumphieren in ihrer Eleganz, als wüßten sie von ihrer schlichten Schönheit. Ein Hauch geheimnisvoller Exotik verbirgt sich in diesen hoheitsvollen Blüten. Das vom Licht umschmeichelte Grün der plastischen, lebhaften Blätter steht im Wechselspiel zu den weißen Blüten der Calla-Gewächse.
Ein zauberhafter Hintergrund mit feiner Goldumrahmung betont strahlenartiges Licht, das – wie aus einer anderen Welt kommend – den Blüten ihre Kraft zu verleihen scheint.*

## Blaue Päonien

*Vor dem Hintergrund in Ocker-Rot bis Dunkelbraun kommt das strahlende Blau der Päonien gut zur Wirkung. Die einzelnen Blütenteile scheinen im Wind zu wehen. Kleine orangene Blüten und olivfarbene Blätter stellen die Vermittlung zwischen Päonien und Hintergrund her. Das zartgelbe Passepartout greift die Farbe der hellen Staubgefäße wieder auf und unterstützt damit das zarte Licht des Bildes.*

Bildgröße 42 × 52 cm

## Nächtlicher Zauber

*Dieses Bild versetzt uns in eine Zauberwelt, wie wir sie vielleicht in Vollmondnächten erleben.
Alle inneren und äußeren Wahrnehmungen scheinen sich zu wandeln. Wir treten ein in die Welt der Träume.
Der Zauber des nächtlichen Gartens weckt unsere eigenen Visionen.*

Bildgröße
63 × 84 cm

## Rosen und Vergißmeinnicht

*Eine klassische Blumenkombination in neuem Licht.*

*Das aparte Kolorit, in Gold, Blau, Oliv und Flieder gehalten, gibt diesem Bild eine besondere Note, ja etwas Edles, das seinen Vorfahren Paroli bieten kann.*

*Die filigranartigen blauen Vergißmeinnicht bringen eine gewisse Zartheit in das Bild.*

Bildgröße 34 × 46 cm

# Tulpen

*In schlichter Eleganz öffnen sich die zartroten Tulpenkelche. Der zweifarbige, fantasievoll gestaltete Hintergrund läßt die Optik eines Flußes mit Ufer erscheinen. Auffallend ist die zweidimensionale Wirkung, die die Tulpen vom Hintergrund abhebt.*

Bildgröße
30 × 41 cm

## Stiefmütterchenstrauß

*Bei diesem Stiefmütterchenstrauß stehen die Blau- und Rot-Töne im Vordergrund. Das blau-weiße Stiefmütterchen in der Bildmitte lenkt wegen des auffallend verarbeiteten Weiß die Aufmerksamkeit auf sich. Dieses Weiß wird durch den oberen Teil des Hintergrunds noch betont. Gerade dadurch kommen die rosa Blüten in kristallreiner Klarheit, teils weiß umrandet, zur Geltung. Etwas Besonderes ist auch der geöffnete Rahmen. Der Strauß kann sich nach allen Seiten hin noch entfalten. Das wird die sichtbaren Knospen erfreuen!*

Bildgröße
28 × 40 cm

## Galaxien

*Wir dürfen einen Blick in die geheimnisvolle Himmelssphäre tun. Dort ziehen Planeten, Sterne, Sonnen und Milchstraßenbänder ihre Bahn. Ein Kerzenlicht, tropfend, zeitmessend, verschmilzt mit dem tiefdunklen Hintergrund. Wird uns der Weg von der Dunkelheit zum Licht gezeigt? Vielleicht sind es auch Lichtblicke auf Erden, die uns einen Augenblick lang den Himmel öffnen.*

Bildgröße
40 × 50 cm

## Apfelblüten mit Schleierkraut

*Duftig, filigran und zart ist dieses anmutige Gebinde. Durch den warmen violetten Hintergrund und das zarte roséfarbene Passepartout mit feiner Silberumrahmung kommen die Apfelblüten voll zur Geltung.*

Bildgröße
38 × 43 cm

# Lilien

*Vor dem plakativen, dunklen Hintergrund gewinnen die Lilien an Leuchtkraft und Ausstrahlung. Die weißen Blüten sind von gelben Strahlen durchzogen, die Mitte ist orange bis rot.*
*Die zarten, filigranartigen Blattstengel sprengen im wörtlichen Sinne den Rahmen an allen vier Seiten und lassen so das elfenbeinartige Licht ins Bild herein.*

Bildgröße 34 × 45 cm

# Musterzeichnungen

**Seerosen**
Bildgröße 41 × 52 cm

# Welt unter Wasser
Bildgröße 44 × 44 cm

**Visionen**
Bildgröße 44 × 44 cm

# Nächtlicher Zauber
Bildgröße 63 × 84 cm

# Frühlingszauber
Bildgröße 47 × 45 cm

**Hibiscusblüten**
Bildgröße 34 × 50 cm

# Rettet die Schmetterlinge
Bildgröße 44 × 46 cm

# Herbstsegen
Bildgröße 52 × 64 cm

# Mohnblumen
Bildgröße 42 × 48 cm

**Gelbe Päonie**
Bildgröße 27 × 36 cm

**Blaue Päonien**
Bildgröße 42 × 52 cm

**Blütenregen**  Bildgröße 40 × 52 cm

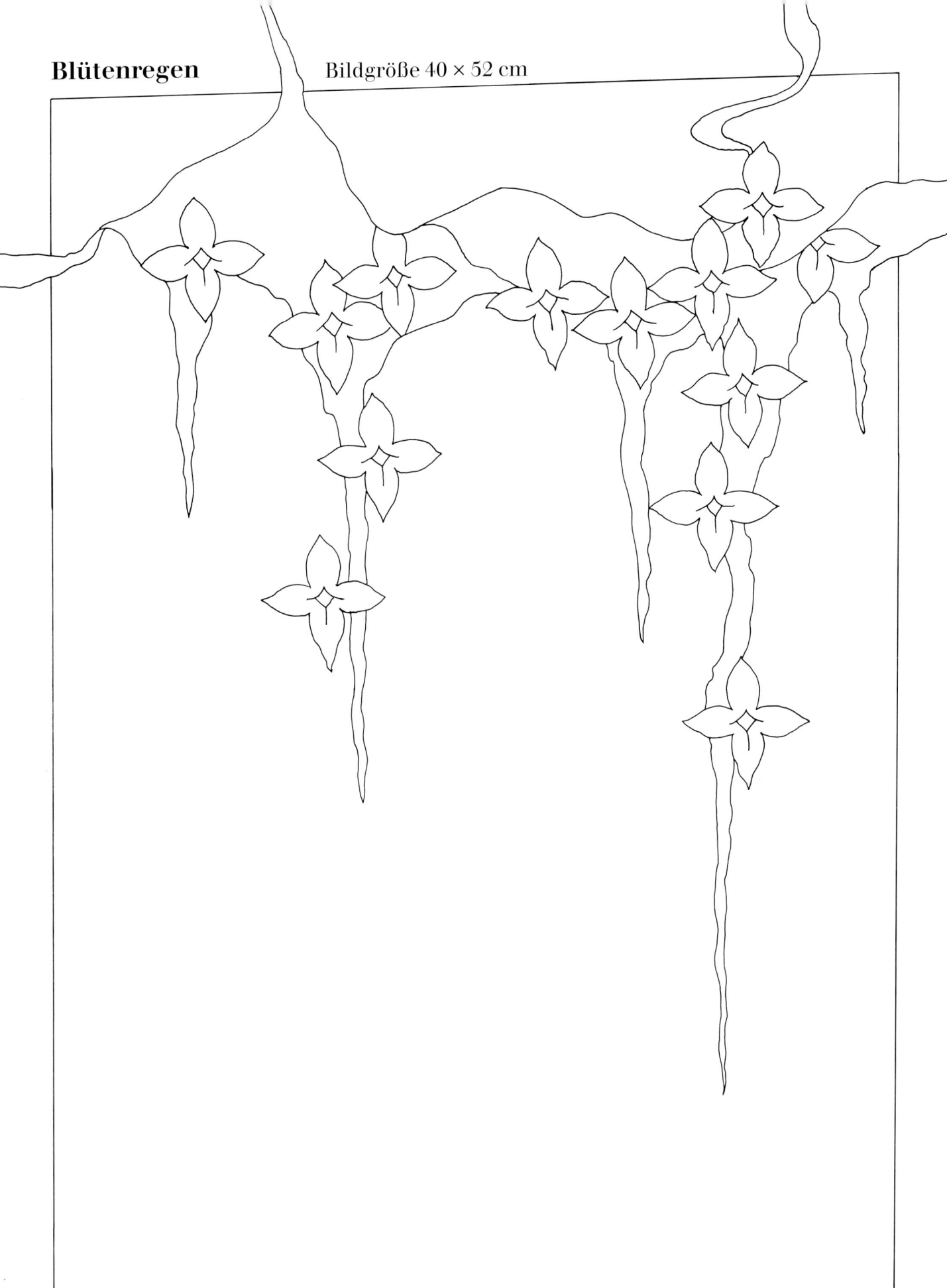

# Rose mit orangen Blüten
Bildgröße 40 × 50 cm

**Heckenrosen**
Bildgröße 35 × 48 cm

**Pfingstrosen**
Bildgröße 40 × 50 cm

# Tropische Blumen
Bildgröße 55 × 70 cm

## Wunderwelt der Phantasie
Bildgröße 44 × 44 cm

**Stiefmütterchen** Bildgröße 28 × 40 cm

# Stiefmütterchenstrauß
Bildgröße 33 × 45 cm

**Clematis**
Bildgröße 34 × 39 cm

# Rote Päonien
Bildgröße 55 × 64 cm

# Blütenbaum
Bildgröße 59 × 77 cm

**Tulpe**
Bildgröße 28 × 40 cm

# Steingarten
Bildgröße 52 × 63 cm

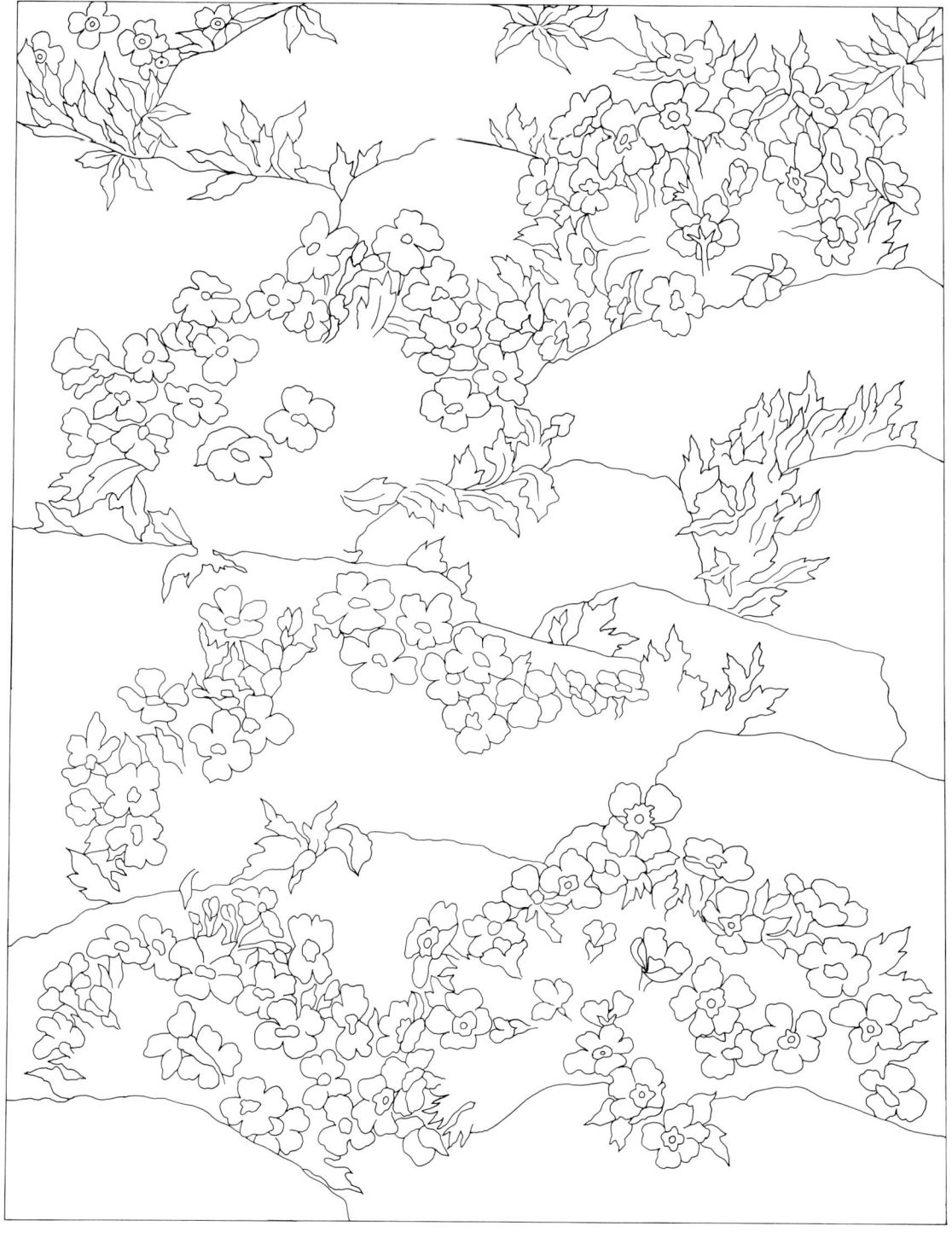

# Galaxien
Bildgröße 40 × 50 cm